AF300630

Die Deutsche Nationalbibliothek verzeichnet diese Publikation in der Deutschen Nationalbibliografie; detaillierte bibliografische Daten sind im Internet über dnb.d-nb.de abrufbar.

1. Auflage, November 2024   ISBN 978-3-7693-0500-5

Verlag: BoD · Books on Demand GmbH, In de Tarpen 42, 22848 Norderstedt
Druck: Libri Plureos GmbH, Friedensallee 273, 22763 Hamburg

Umschlaggestaltung: Petra Wechsel

Inhaltsverzeichnis

Vorwort

Auch dieses dritte Buch der Reihe hat wieder mit den zwei anderen gemein, unsere lieb-gewonnen Lernmuster unserer Lern- und Arbeitswelten kritisch und illust zu hinterfragen, ‚a little bit different‘ zu denken und (wieder) mit unbändiger Freude lernen zu wollen wie einst in Kindertagen.

Hierzu schildern sehr unterschiedliche Persönlichkeiten, wie sie ihre außergewöhnlichen Lernleistungen vollbracht haben. In diesem Buch: Herr Jan Schick hat im Jahre 2024 das beste Abitur (an allgemein bildenden Gymnasien) in Baden-Württemberg ‚geschrieben‘ mit 898 von 900 Punkten, was einem Abischnitt von 0,67 entspricht.

Im E-Mail-Dialog werden mehrere zielführende, mitunter glücklich-machende Lernwege für ein jedes Gehirn aufgezeigt, so dass bspw. Prüfungen nicht nur bestanden werden können, sondern sich auch abschließend die Frage stellt:

> „Why join the navy, if you can be a pirate?
> – Steve Jobs“
> (Elliot & Simon, 2011, S. 55).

Ich wünsche Dir und Ihnen viel Freude beim Lesen des dritten Buches als auch beim Ausprobieren seiner LernTipps und freue mich wieder auf einen regen Austausch

@LernDichGlueckl !

Berlin, im November 2024   Dr. Thomas Schutz

Einleitung

Gesprächsanfrage
Datum: 18. Juli 2024 um 16:32:14 MESZ

Sehr geehrter Herr Dr. Schutz,
als ich kürzlich auf meinem Smartphone stöberte,
fand ich eine Notiz aus dem Jahre 2021:
mathetica.de. Ihre Betrachtungen zum Thema
"Lernen", v.a. im digitalen Zeitalter, wirken äußerst
interessant. Ein Thema, das auch mich beschäftigt.

Ich habe kürzlich mein Abitur mit 898 von 900
Punkten und einem Notenschnitt von 0,67
abgeschlossen. Damit bin ich wohl der Beste oder
zumindest einer der besten Abiturienten in Baden-
Württemberg & Deutschland – eine Rückmeldung
des Kultusministeriums folgt.

Mehrfach habe ich mir Gedanken zum Lernen der
Zukunft gemacht, beispielsweise mittels
Gamification-Ansatz in einer App. Sie haben ja zum
Thema „Lernen & Gaming" auch ein Buch
geschrieben.

**Gerne würde ich mit Ihnen ins Gespräch
kommen!**

Ich freue mich auf Ihre Rückmeldung.
Mit freundlichen Grüßen

Jan Schick

--/--

Guten Abend, Herr Schick,
… und herzlichen Glückwunsch zu Ihrem
überragenden Abitur.

Drei kurze Fragen hierzu:
- Wie haben Sie sich auf das Abitur vorbereitet?
- Was sind Ihre Top 3 Lerntipps für's Abitur bzw.
generell zum Lernen in der Schule?
- Wie hat die ‚Umwelt‘ vor und nach dem Abitur auf
Ihren Erfolg reagiert?

Und, ja, da ich u.a. gerade über ein neues Gaming-
& Lernen-Buch nachdenke als auch über drei damit
verbundenen Geschäftsideen, ist ein Gespräch
hierüber genau das Richtige.

Mit den besten Grüßen und Dank,
Thomas Schutz

--/--

Hallo Herr Dr. Schutz,
vielen Dank für Ihre schnelle, positive Rückmeldung
und die Glückwünsche.

Beim Stichwort „Abi-Vorbereitung" denke ich in
erster Linie an die Phase, in der ich mich bewusst
auf die Abiturprüfungen vorbereitet habe. Diese Zeit
war bei mir echt kurz – teilweise nur einige Tage!
Ich war häufig mit außerschulischen
Angelegenheiten beschäftigt. Deshalb galt es für
mich, meine Zeit gut einzuteilen und möglichst
effektiv zu nutzen. Das bedeutete auch, mein
Smartphone zielgerichtet einzusetzen…

Glücklicherweise hatte ich mir aber schon in den Monaten bis Jahren vor dem Abitur ein solides Wissensfundament aufgebaut. Ich war im Unterricht sehr aktiv und aufmerksam und konnte eine hohe Lernbereitschaft entwickeln. Über die Zeit habe ich mir einige wirksame Techniken zum Memorieren angeeignet. Immer wieder habe ich Fragen gestellt, nicht nur an die Lehrkräfte, sondern auch an Google. So habe ich mich wohl auch „unbewusst" gut auf das Abitur vorbereitet.

Dies würde ich auch als ersten Tipp weitergeben: Neugierig sein und wissen wollen, wie die Welt funktioniert!

Wenn ich an Kleinkinder denke, die immer wieder auf Entdeckungstour gehen, ist uns das doch eigentlich auch angeboren, oder?

Gelernt habe ich in allen Fächern mit Karteikarten. Dabei habe ich versucht, Fragen zu formulieren, die gut zum Lernstoff passen. So konnte ich mein Gehirn herausfordern, sich aktiv an die Informationen zu erinnern und Antworten auf die Fragen zu finden. In immer größer werdenden zeitlichen Abständen habe ich mich dann selbst getestet.

Oder einfach mal ein leeres Blatt Papier nehmen, alles aufschreiben, was einem einfällt und dann farbig ergänzen. **Tipp 2 also: Sein Gehirn herausfordern, sich aktiv zu erinnern und Lösungen zu finden.** Und natürlich: **Wiederholung.**

Mein dritter Tipp: Bewegung! Ich bin beim Lernen zum Beispiel oft herumspaziert oder habe einen Ball umher gekickt. Am Abend vor den Abiturprüfungen ging ich immer spazieren, generell hilft mir Bewegung bzw. Sport beim Stressabbau.

Ich hätte noch mehr Methoden und gute Gewohnheiten auf Lager – aber Sie haben ja nach der Top 3 gefragt ;)

Dass ich dadurch auf der Titelseite der Tageszeitung lande und von mehreren Radiosendern kontaktiert werde, habe ich beim Lernen natürlich nicht gedacht…Sehr viele Leute in meiner „Umwelt" haben sich mit mir gefreut. Vor allem im Fußballverein gab es auch einige überraschte Gesichter. Die häufigste Frage: Wie hast du das gemacht?

Ich teile gerne, was bei mir funktioniert hat. Aber sicher lernt jeder auch ein wenig anders. Was sagen Sie als zertifizierter Lerntherapeut zu den Lernmethoden?

Beste Grüße
Jan Schick

--/--

Hallo Herr Schick,
wow, das sind ja herrlich viele Themen, die Sie da ansprechen.

Ich würde vorschlagen, wir gliedern alles in vier Themenblöcke:

1. Ihr Abitur an sich,
2. Die Reaktionen Ihrer ‚Umwelt‘ auf das beste
Abitur Baden-Württembergs 2024,
3. Ihre Lernerfahrungen vor dem Abitur inkl.
Lerntipps und
4. Ihre Vorstellungen über das Lernen der Zukunft.

Sie haben in Ihrer ersten E-Mail geschrieben, dass
Sie 898 von 900 Punkten im Abitur erzielt haben.

- Da mein Abitur schon etwas her ist, interessieren
mich zunächst Ihre Leistungs- und Grundkurse: Wie
viele hatten Sie und wann haben Sie diese gewählt?
Mussten Sie Fächer abwählen? Konnten Sie auch
‚Hauptfächer‘ abwählen?
- Haben Sie nach 12 oder 13 Jahren Abitur
gemacht?
- Wie viele Abiturprüfungen hatten Sie? Welche
schriftlich, und wie lang waren diese? Welche
mündlich? Wie liefen diese ab? Auf welche haben
Sie sich besonders vorbereitet und wie?
- Wie wurden die Punkte der Abiturprüfungen mit
den Punkten der Oberstufe ‚verrechnet‘?
- Wie wurde Ihnen Ihr Ergebnis mitgeteilt? Es haben
ja zwei Punkte ‚gefehlt‘? Wenn ich fragen darf, in
welchen Fächern?

In Berlin fielen in diesem Jahr gerade in der
Oberstufe sehr viele Präsenzstunden aus. War dies
bei Ihnen auch der Fall? Wie haben Sie darauf
reagiert? Wie reagierten Ihre Mitschüler*innen?

In freudiger Erwartung Ihrer Antwort, verbleibe ich
mit den besten Grüßen und Dank,
Thomas Schutz

Guten Abend Herr Dr. Schutz,
im Anhang stelle ich ausführlich die formale Struktur
meines Abiturs in Baden-Württemberg dar.

Zu den letzten Fragen:
Nein, so schlimm war es bei uns nicht! Natürlich
sind immer wieder Stunden ausgefallen, aber das
war dann eine nette Ausnahme und wir Lernenden
haben uns über die freie Zeit gefreut.

Wenn morgens der Wecker wieder viel zu früh
klingelte, aber die Handy-Benachrichtigung des
"Schulmanagers" einen längeren Schlaf
ermöglichte, war das schon etwas Besonderes. Wir
haben in solchen Fällen dann in der Regel
allerdings auch Online-Aufgaben bekommen. Wenn
das - wie in Berlin - zur Regel wird und man kaum
noch regulären Unterricht hat, sieht es natürlich
ganz anders aus. Das darf nicht sein.

Vor den Abiturprüfungen hatten wir in einigen
Fächern sogar Zusatzunterricht, z.B. zur
Prüfungssimulation - was nach meinem Gefühl sehr
gewinnbringend war.

Beste Grüße
Jan Schick

I. Die formale Struktur meines Abiturs mit 898 von 900 Punkten und Abischnitt 0,67

„Leitfaden für die gymnasiale Oberstufe – Abitur 2024" (Ministerium für Kultus, Jugend und Sport Baden-Württemberg, 2022) – ganze 52 PDF-Seiten. Puh. Das müssen wir etwas aufpeppen. Ich lade Sie ein, mit mir auf Punktesammlung zu gehen. Gemeinsam werden wir meine verschiedenen Kurse und Stationen „ablaufen", um am Ende hoffentlich auf 898 Punkte zu kommen und das Abitur in BW zu verstehen!

Unsere „Tour-Vorbereitung" beginnt Anfang 2022, zunächst einmal vor dem Bildschirm. In mehreren Online-Konferenzen (Corona) wurden uns die Fächer für die Kursstufe vorgestellt. Die endgültige und verpflichtende Kurswahl fand dann im Juni 2022 statt. Hierfür wurden am Computer ein paar Kreuzchen gesetzt; ein Programm stellte fest, ob es in Bezug auf die Vorgaben sein OK gibt. Spoiler: So ganz frei ist die Kurswahl natürlich nicht. Alles im grünen Bereich - wir können starten!

Auf unserer Route liegen 40 Stationen – die 40 Kurse, die im Abi angerechnet werden. Los geht es bei den Leistungsfächern! Bei zwei der drei Leistungsfächern bleibt uns nicht viel Wahl: Es muss Deutsch, Mathematik, eine Fremdsprache oder eine Naturwissenschaft gewählt werden. Ich habe mich für Mathe, Spanisch und Englisch entschieden.

Fangen wir bei den Fremdsprachen an: Vier Kurse in zwei Jahren, das ergibt je 4*15= 60 Punkte, insgesamt also 120 Punkte.

Als dritter Leistungskurs kommt Mathematik dazu: Hier komme ich nach vier Halbjahren auf 59 Punkte. Auch ohne Mathe-Leistungskurs sollte auffallen, dass hier etwas nicht stimmt. Ein Punkt ging verloren! Ja, da ging eine Arbeit ordentlich daneben… Unser Punkte-Counter steht nach den Leistungsfächern bei 179 Punkten.

Es gibt Stationen, die auf unserer Route fest eingeplant sind. Bestimmte Kurse müssen im Abi angerechnet werden. Hierzu gehören die vier Kurse in Deutsch (+60), vier Kurse im Kombifach Geographie/Gemeinschaftskunde (+60), die vier Kurse in Geschichte (+60), zwei Kurse in Bildender Kunst (BK) oder Musik, bei mir letzteres (+30). Außerdem vier Kurse in einer Naturwissenschaft, dabei fiel die Wahl auf Physik – und hier musste ein weiterer Punkt eingebüßt werden. Also nur +59! Wir sind bei 448 Punkten und haben das „gefährliche Ufer", die Mindestpunktzahl von 300 Punkten, also schon sicher überschritten.

Weitere Fächer, die über alle vier Halbjahre hinweg belegt werden müssen, sind Religion/Ethik und Sport. Hier habe ich vier Reli-Kurse (+60) und zwei Sportkurse (+30) anrechnen lassen. Kurzer Zwischenstand: 36 Kurse und 538 Punkte.

Für die restlichen vier Kurse haben wir ziemlich freie Wahl. Bei mir wurden es zwei aus Psychologie (+30) und zwei weitere aus Musik (+30). Falls Kurse übrig bleiben, werden diese automatisch in Klammern gesetzt – bei mir war dies bei Astronomie der Fall. Letztendlich keine Punkte, aber sicher keine verschwendete Lebenszeit!

Kurz möchte ich über Orte sprechen, die wir leider nicht mehr „besuchen" können: Fächer, die ich abgewählt habe. Dazu gehören Chemie, Biologie, Französisch, Wirtschaft und Bildende Kunst. Diese stehen mit der Note aus Klasse 11 im Abiturzeugnis.

Wir stehen bei 598 Punkten nach der Oberstufe – jetzt geht es zu den Abiturprüfungen! Die drei schriftlichen Abiturprüfungen fanden in den Leistungsfächern statt. Vor allem in den Fremdsprachen waren diese aber nicht nur „schriftlich": Hier zählen nämlich auch zu 20% eine Kommunikationsprüfung und zu 25% ein Hörverstehen-Teil. Nach 255 Minuten war es geschafft, in Mathe waren es 300 Minuten. Auf die Ergebnisse mussten wir dann nochmals knapp zwei Monate warten.

Bei den mündlichen Abiturprüfungen hatte ich nicht so viel Entscheidungsspielraum: Deutsch war gesetzt, außerdem musste eine Gesellschaftswissenschaft gewählt werden. Es wurde Religion.

Wie liefen die mündlichen Prüfungen ab? Mir wurde ein Umschlag mit Aufgaben präsentiert, die sich auf einen Schwerpunkt aus den vier Kurshalbjahren bezogen. Zur Bearbeitung hatte ich exakt 30 Minuten Zeit, dann ging es zum Prüfungskomitee. In den ersten 10 Minuten stellte ich meine Lösungen vor, danach wurde ich weitere 10 Minuten zu allen behandelten Unterrichtsthemen und darüber hinaus befragt.

Die Deutschprüfung war wohl die Einzige, vor der ich so richtig aufgeregt war. Die 1,0 im Abi hatte ich schon sicher, wollte aber natürlich die maximale Punktzahl dann doch ‚einsammeln‘. Zudem hatte ich mich nur am Wochenende vor der Prüfung intensiv vorbereitet – Fußball-EM und Stadtfest wollte ich mir trotz Abi nicht entgehen lassen.

Welche Methoden mir geholfen haben, trotzdem mit Bestnote abzuschließen, soll an späterer Stelle genauer erläutert werden.

Ein weiteres Mal muss ich hier aber auch den Faktor Glück erwähnen: Teilweise mussten Mitlernende bereits am Freitag vor besagtem Wochenende ihre Deutschprüfung ablegen – wäre das bei mir der Fall gewesen, hätte dieses Buch wohl einen etwas anderen Titel!

Bei den mündlichen Prüfungen bekamen wir direkt im Anschluss unsere Note mitgeteilt und begründet. Und siehe da: In allen fünf Abiturprüfungen habe ich 15 Punkte erreicht. Diese zählen vierfach zu den 40 Kursen hinzu. Mit diesen 300 Punkten aus der Prüfungsphase im Gepäck landen wir bei unserem Ziel: 898 Punkte!

Laut der „Vereinbarung zur Gestaltung der gymnasialen Oberstufe und der Abiturprüfung" (KMK, 2024))der Kultusministerkonferenz (KMK)

wird die Durchschnittsnote mit folgender Formel
(Abb 1.) berechnet:

$$N = 5\frac{2}{3} - \frac{Gesamtpunktzahl}{180}$$

Abb. 1: Formel zur Berechnung der Abiturdurchschnittsnote (N);
leicht verändert nach (KMK, 2024, S. 28)

Als Ergebnis erhalten wir N=0,677…Trotzdem steht
unter meinem Abitur eine 1,0, da bessere Noten
nicht abgedruckt werden.

Geschafft! Nach insgesamt 13 Jahren (Modellschule
G9) endet meine Schulzeit hier. Das Lernen geht
allerdings weiter…

--/--

Guten Mittag, Herr Schick,
bevor wir einen Blick darauf werfen, wie das Lernen
für Sie weiter geht, interessiert mich dreierlei:

1. Wie haben Sie die Zeit zwischen Ihren
Abiturprüfungen gemeistert? Bzw. kurz vor Ihrer
ersten Prüfung: Wir hatten ‚damals‘ zwischen
unserem letzten Schultag in der 13.2 und der ersten
Abiturprüfung mehrere Tage, ja Wochen frei. War
das bei Ihnen auch so? In welchem Zeitraum waren
Ihre Prüfungen? Wie haben Sie die Zeit zwischen
Ihren Prüfungen konkret gestaltet? Ab wann haben
Sie erahnt, dass Ihr Abitur ein ganz besonderes
werden könnte?

2. Wann und wie haben Sie Ihre Punkte erfahren?
Was hat das in Ihnen ausgelöst?

Und als Übergang in den zweiten Themenblock:
3. Ab wann erfuhr Ihre Umwelt von Ihrem
Abischnitt? Und wie hat sie darauf reagiert? Ihre
Familie? Ihre Mitschüler*innen? Ihr Fußballverein?
Ihre Heimatstadt? Die Presse? – Sie sind ja jetzt
„König von Rottenburg" ;)

--/--

Hallo Herr Dr. Schutz,
eine intensive Zeit, die Sie da ansprechen.

Beginnen wir im März 2024. Während die
Klausurenphase noch in vollem Gange war, ging es
am 15. März in der Kommunikations-prüfung (KP) in
Spanisch um die ersten Noten für die
Abiturprüfungen.

Hierzu hatte ich die relevanten Themen
zusammengefasst und mit Karteikarten gelernt.
Darüber hinaus hatte ich zusammen mit meinem
Tandempartner einen Videocall mit Spanisch-
Lehramtsstudenten organisiert, um auch praktisch
zu üben. Soweit so gut – doch ein hartnäckiges
Virus durchkreuzte meine Pläne. Statt auf Spanisch
kommuniziert, wurde also zu Hause im Bett
gehustet, meine KP musste vertagt werden. Frisch
genesen, standen in der Woche danach nochmals
drei Klausuren auf dem Programm.

Abiturphase und regulärer Unterricht mit Klausuren
gingen also an einigen Stellen ineinander über.

Diese Klausurtermine so kurz vor dem Abitur sind aber vermutlich nicht Regelfall und hatten bei uns einen besonders traurigen Grund: Im Dezember 2023 verstarb ein Mitschüler bei einem Autounfall auf einer Schulexkursion. Daraufhin wurde uns bis Weihnachten freigestellt, Klausuren zu schreiben. Ich habe in diesem Jahr keine einzige Klausur mehr geschrieben. In dieser direkten Konfrontation mit der Endlichkeit des Lebens erschien es mir einfach absurd, Geographie o.Ä. zu pauken. Stattdessen habe ich mich auf die Mitgestaltung einer würdigen Erinnerungsfeier konzentriert.

Die Leistungsnachweise mussten natürlich trotzdem nachgeholt werden, was die langgezogene Klausurenphase erklärt.

Es folgten die Osterferien, die Zeit, in der einige angehende Abiturienten „untertauchen" und richtig büffeln. Während Mitlernende schon produktiv anmaßende Instagram-Stories von Mathe-Lerngruppen posteten, stand ich mehrere Tage auf dem Fußballplatz und habe ein Fußballcamp für Kinder organisiert. Ein paar Matheaufgaben habe ich auch gerechnet, bei Spanisch blieb es neben dem KP-Stoff aber bei einem groben Überblick und einem Ohrwurm von „Vamos a la playa".

Nach den Ferien hatten wir noch eine Woche regulär Schule, hier konnte dann die Spanisch-KP erfolgreich nachgeholt werden. Anschließend folgte noch eine halbe Woche Unterricht nur in den Leistungskursen bis zum 17. April. Am 18. April starteten in Baden-Württemberg die Abiturprüfungen mit Biologie.

Ich hatte das Glück, erst am 24. April antanzen zu müssen und konnte mich so nochmal eine Woche intensiv auf das Spanisch-Abi vorbereiten. Mit der KP kurz zuvor hatte ich auch eine ordentliche Grundlage an Wissen. Allerdings habe ich in dieser Zeit auch besonders viel geschlafen, vielleicht eine unbewusste Form der Prokrastination, vielleicht gleichzeitig auch lernfördernd.

Aufgrund der doch sehr kurzfristigen, intensiven „Abi-Vorbereitung" (der Unterschied wurde an anderer Stelle erläutert) war das **Zeitmanagement** eine Herausforderung. Hierfür habe ich die **Timeboxing-Methode** mit Hilfe des Google-Kalenders angewandt, mir also Zeitslots für die verschiedenen Prüfungsfächer „reserviert". Morgens, mittags und abends standen je 3 Matheaufgaben aus einem Vorbereitungsheft oder dem Aufgaben-Pool des Institutes zur Qualitätsentwicklung im Bildungswesen (IQB) auf dem Plan.

Dazwischen dann konkrete Themenfelder aus Spanisch oder Englisch; in der Woche vor dem Spanisch-Abi wurde Ersteres im Verhältnis natürlich priorisiert.

Bis zum Englisch-Abi am 3. Mai verging dann nochmals knapp eine Woche. Ich gebe zu: Hier habe ich die Pflichtlektüre zum ersten Mal ganz gelesen. Es gab also einiges zu tun und diese Maitage wurden überwiegend mit Lernen verbracht. Gleichzeitig war es im Nachhinein eine gute Entscheidung, mein Sportpensum nicht allzu stark zu reduzieren.

Auch am Abend vor dem Englisch-Abi bin ich nochmal ins Training gegangen. Direkt nach der Prüfung habe ich mich in den Bus gesetzt und Training gegeben. So konnte ich den Stress vor und um die Prüfung gut abbauen.

Als krönender Abschluss folgte das Mathe-Abi am 7. Mai. Es blieben also noch drei Tage, als mir auffiel, dass ich die (deutlich schwierigeren) Wahlteilaufgaben ziemlich vernachlässigt hatte. Der erste Tag war bereits größtenteils blockiert, da wir hier ein Fußballspiel hatten und anschließend unseren Meistertitel feierten. An den beiden verbliebenen Tagen wurde dann gerechnet. Viel gerechnet. Je zwei komplette Abitur-Prüfungssätze aus den Vorjahren habe ich von morgens bis abends durchgearbeitet. Ein **wichtiger Trainingseffekt** war sicher, **über mehrere Stunden hoch konzentriert zu bleiben.**

Direkt nach dem Mathe-Abi ging es weiter mit Klausuren. Das möchte ich hier nochmals hervorheben, da in einigen Fächern eben nur eine einzige Klausur im Halbjahr geschrieben wird, welche dann in der Regel der Endnote sehr ähnlich ist. Es war also eine besondere Herausforderung, nach dem schriftlichen Abitur auf einem hohen Energieniveau zu bleiben und weiter zu „performen".

In den Pfingstferien ging es dann aber mit der Fußballmannschaft nach Lloret de Mar. In der zweiten Ferienwoche schaffte ich es, rechtzeitig gesund zu werden und mich ein paar Tage auf die

Englisch-Kommunikations-prüfung am 6. Juni vorzubereiten.

Erst hiermit waren alle Leistungen der schriftlichen Abiturprüfung geschafft. Die Kommunikationsprüfungen haben kein offizielles Datum und wurden einfach so positioniert, aber auch die Abiturprüfungen erstreckten sich über mehrere Wochen.

Die Ausgabe der schriftlichen Abiturnoten erfolgte am 27. Juni zusammen mit unserem Zeugnis aus dem vierten Kurshalbjahr.

Davor sind wir als Freundesgruppe dem Social-Media-Trend gefolgt und haben unsere Noten „vorausgesagt". Da gibt es einige lustige Videos auf TikTok, Instagram & Co., in denen die Lernenden positiv oder weniger positiv von ihren Noten überrascht werden. Ich habe im Video folgendes prognostiziert: 13 Punkte in Englisch, 14 in Spanisch und 14-15 in Mathe.

Der pinke Zettel mit meinen Noten überraschte mich dann im sehr positiven Sinne: Dreimal 15 Punkte. Da ich etwas perfektionistisch veranlagt bin, war ich generell meistens pessimistisch, was meine Noten anging. Aber das kam für mich wirklich überraschend. Eine positive Motivation für den Endspurt in den mündlichen Prüfungen.

Diese folgten eine Woche später. Wie schon an anderer Stelle erwähnt, war die Vorbereitungszeit kurz. Dennoch war mir nun auch klar, dass mein Abitur ganz besonders werden könnte und ich erwischte mich dabei, Punkterechnungen anzustellen. Auf einem Post-it hatte ich mir die Zahl 886 notiert, die Grenze für einen 0,7-Schnitt.

Auch früher hatte ich mal nach dem besten Abitur gegoogelt, da ich es generell befürworte, sich höchstmögliche Ziele zu setzen. Gleichzeitig habe ich mich aber auch immer wieder darauf besonnen, eine gesunde Einstellung zu Noten zu entwickeln. Das ist aber ein Thema für sich.

Mit der mündlichen Deutschprüfung am 8. Juli war das Abitur geschafft, danach habe ich mir zu Hause laute Musik angemacht und konnte mich nach der ganzen Anspannung richtig freuen.

Die Zeugnisverleihung fand noch am selben Abend statt. Hier erfuhren dann auch die Mitlernenden und Eltern meine Punktzahl und es sorgte für einige Lacher, als der Oberstufenkoordinator verkündete, dass ich überraschend einen Preis für mein Abitur bekam.

Zugegeben: Es war wohl für die meisten keine Überraschung, dass mein Abi gut wird. Jedes Jahr stand auf meinem Zeugnis bei allen Fächern ein „sehr gut" (außer in der 5. und 6. Klasse, da gab es jeweils eine Zwei). In der Familiengruppe gab es freudige Emojis und Glückwünsche sowie ein Gorilla-GIF von meinem ältesten Bruder. Natürlich waren alle sehr stolz, auch wenn sie daran gewöhnt waren.

Die Woche danach war von enormem Schlafmangel geprägt, da ich zum einen Abi-Streich und Abi-Ball koordinierte, zum anderen mehrmals im Club feiern war.

Nach der Spannung folgte also die Entspannung – und diese Reihenfolge empfehle ich auch wärmstens. Während dem Abi verzichtete ich auf lange Nächte, danach machte es umso mehr Spaß. In den Tagen danach machte ich mich relativ zügig aus dem Staub: Es ging mit meinem Bruder in die Berge.

II. Die Reaktionen meiner ‚Umwelt' auf das beste Abitur Baden-Württembergs 2024

Dass ich das beste Abitur in Baden-Württemberg geschrieben hatte, war aber bis dahin wohl niemandem so wirklich klar.

Es „schwappten" viele Glückwünsche über. Die wirkliche „Welle" an Aufmerksamkeit folgte allerdings erst mit der Urkunde des Kultusministeriums und dem Artikel der Regionalzeitung Anfang August.

Dieser wurde auch in der WhatsApp-Gruppe meiner Fußballmannschaft geteilt, die das ganze humorvoll aufnahm. Im „Strafenkatalog" ist ein Zeitungsartikel mit Foto nämlich generell mit Beiträgen in die Mannschaftskasse verbunden, dementsprechend schleppte ich beim nächsten Training ehrenvoll zwei Kästen Kaltgetränke mit.

Immer mehr Menschen ließen Glückwünsche ausrichten, was mich sehr erfüllte. Auch der Oberbürgermeister gratulierte postalisch mit Gutschein. Kurz darauf fragten mich mehrere Radiosender an: Hitradio Antenne1, DASDING und SWR1. Ich war inzwischen schon wieder in den Urlaub gefahren und gab das erste Interview telefonisch in einer österreichischen Berghütte.

Nach dem Urlaub gab ich dann das Interview für den SWR. Der Artikel und das Instagram-Reel verbreiteten sich rasant. Irgendwann meldete sich

auch die dpa und es wurde auf Websites der
Tagesschau, des Landtages Baden-Württemberg
und anderer bekannter Nachrichtendienste (Zeit,
Stern, N-TV, FAZ, t-online, etc.) über mein Abi
berichtet.

Ab jetzt wusste wirklich der Großteil meiner Umwelt
darüber Bescheid. Ein paar Beispiele:
Mannschaftskollegen erzählten von Studenten-
freunden, die ihnen das Video schickten. Einige
Trainerkollegen waren ganz erstaunt: „Ach krass, du
bist das?" Auf dem Bolzplatz meiner Heimatstadt
wurde ich beim Kicken mit Freunden von einem
Jungen angesprochen: „Du bist doch der aus
meiner Schule, der das Unmögliche möglich
gemacht hat". Lehrer erzählten von Bekannten aus
anderen Teilen des Bundeslandes, die sie darauf
ansprachen.

Mein persönliches Highlight erlebte ich aber, als ich
im September gegen Mitternacht in einem Tübinger
Dönerladen von einer Studentin erkannt und auf
mein Abi angesprochen wurde. Die ganze Gruppe
hatte den Nachrichtenbeitrag auf Instagram
gesehen und hätte mich wohl gerne in der
Diskothek gegenüber dabei gehabt. Das kam
ziemlich unerwartet und war ein witziges Erlebnis.

Auch auf einer Party im September wurde ich von
einigen unbekannten Leuten in meinem Alter
beglückwünscht. Oder bei einem Besuch in meiner
Schule, als mich einige „Nachfolger" nach Tipps
fragten. Natürlich fühlt sich das cool an. Oder wie
man heutzutage sagt: +10.000 Aura. Andererseits

erinnere ich auch immer wieder daran, sich nicht wegen Punkten oder Noten verrückt zu machen.

Bei einigen Pressemeldungen fiel mir folgende Formulierung auf: „Jan Schick erklärt, warum er so gut ist." Hier hätte ergänzt werden sollen, dass es um meine guten Schulleistungen geht. So wird aber (unbewusst) dieser schulische Erfolg auf meinen Wert als Person übertragen. Und immer mehr Lernende haben Schwierigkeiten damit, ihren Selbstwert von Noten unabhängig zu machen. Wie schon erwähnt, ist der Umgang damit ein wichtiges Thema, das an anderer Stelle noch genauer besprochen werden sollte.

Die Bezeichnung als „König von Rottenburg" ist auch nur ein Spaß des Antenne1-Moderators gewesen. Vor allem die kurzen Radiobeiträge boten natürlich nicht die Möglichkeit, sich ‚ernsthaft' bzw. tiefer mit dem Thema auseinanderzusetzen, sondern sprachen erst einmal den Notenschnitt und die typischen Streber-Klischees an.

Immer wieder habe ich in den Interviews das Abitur mit einer anstrengenden Bergwanderung verglichen. Nach diesem ersten „Gipfel" aufzuhören und sich in solchen Bezeichnungen zu „sonnen" oder gleich völlig abzuheben, entspräche nicht meinem Charakter. Es geht hier ja weiterhin um Schulleistungen!

Vielmehr möchte ich anderen zeigen, was möglich ist und sie mit meiner Neugier anstecken. Es freut mich am meisten, wenn ich die Aufmerksamkeit nutzen kann, um anderen zu helfen. Der Gedanke, anderen ein Vorbild zu sein, erfüllt und motiviert mich sehr.

--/--

Guten Nachmittag, Herr Schick,
Neugier und Aufmerksamkeit – da sprechen Sie, meiner Meinung nach, zwei essentielle Faktoren an, die das Lernen für einen jeden zielführender und gleichzeitig angenehmer gestalten lassen können.

„Lernen kann jeder, Nicht-Lernen will gelernt sein!" (Schutz, 2019, S. 21-22): Dort habe ich zur Bedeutung der Neugier für das eigentliche Lernen, wissenschaftlich fundiert durch zahlreiche wissenschaftliche Quellen, u.a. ausgeführt:

"Und jeder trägt ja als Gehirnträger so ein faszinierendes Lern- und Denkorgan mit sich herum (siehe LernTipp 0). Also bleibt so neugierig wie in Kindertagen, wo Ihr als ‚Forscher in Windeln' Eure Welt erobert habt. Gestaltet Euer Lernen wieder genauso forschend und freudig! Und wenn Ihr stolpert und hinfallt? Was habt Ihr als Kleinkindern gemacht? Ihr seid aufgestanden und habt weiter Eure Welt erobert! Und Ihr werdet wahrscheinlich bei einem anderen Lernprozess wieder hinfallen. Also wieder aufstehen und weiter! Die Kunst ist es, sich mit Freunden und Menschen zu umgeben, die einem beim Ausstehen helfen und sich nicht daran ergötzen, Dich fallen zu sehen (und dann womöglich noch nach zu treten)" (Schutz, 2019, S. 22).

Konkrete Frage hierzu: **Wann und wie haben Sie Ihre Neugier (in Kindertagen) entdeckt und schätzen gelernt?**

Als ich an der Hochschule München zum einen „Lern- und Schlüsselkompetenzen" unterrichtet und zum anderen neue Didaktikkonzepte entwickelt habe wie „Gaming für Studium und Beruf – Warum wir lernen, wenn wir spielen" (Lorber & Schutz, 2016) und „Digital Game-based Learning – Komplexe Problemlösungen und Kompetenzen für Bildung, Wirtschaft und Politik entwickeln" (Schutz & Schwarz, 2022), fiel mir beim Lern-Coaching für Studierende aller 14 Fakultäten und aller Semester auf, dass das allgegenwärtige Smartphone ‚Fluch und Segen' zu gleich war.

Der ‚Fluch' bestand darin, dass viele Studierende ihre Aufmerksamkeit in der Klausurphase nicht auf den ‚Klausurstoff' dauerhaft fokussieren konnten, sondern fortlaufend zu viel ‚geplante Lernzeit' am Smartphone mit anderen Dingen und/oder ‚gamend' verbrachten, so dass sie all zu oft und mehrfach die Klausuren nicht bestanden; siehe auch „Smartphone geht vor – Wie Schule und Hochschule mit dem Aufmerksamkeitskiller umgehen können" (Belwe & Schutz, 2014). Das war alles noch vor der ‚Corona-Zeit'.

Kennen Sie dieses auch aus Ihren Lernzeiten? Spielt dies heute noch eine Rolle? Wenn ja, wie haben Sie es ‚gelöst'? Für wie bedeutsam schätzen Sie dies ein?

Welche **drei Lerntipps** würde Sie heute u.a. mit
Ihrer Abi-Erfahrung Lernenden nicht nur an
Gymnasien **zum Bestehen von Prüfungen**
‚mitgeben'? Dies hatten Sie ja schon beantworten.
Doch könnten Sie dies hier vertiefter ausführen?

Mit den besten Grüßen und Dank für Ihre Zeit,
Thomas Schutz

--/--

Guten Abend Herr Dr. Schutz,
das sehe ich genauso: Neugier und Aufmerksamkeit
sind immens wichtig!

Gerne teile ich meine Erfahrungen damit.

Beste Grüße
Jan Schick

III. Meine Lernerfahrungen vor dem Abitur und meine drei wichtigsten Lerntipps

Auch ich durfte zunächst als ‚**Forscher in Windeln**‘ auf Entdeckungstour gehen. Das Schöne mit Kindern ist doch, dass es gar nicht viel braucht, um sie zu begeistern und ihre Neugier zu entfachen! Und mit welch offenen Augen sie durch die Welt gehen!

Meine Eltern waren häufig stundenlang mit mir spazieren – und mussten alle paar Meter eine neue Frage des kleinen Jans beantworten. Warum macht die Ente so? Wieso ist der Schnee kalt? Was steht auf dem Schild? Schon bald wusste ich beispielsweise alle Brunnennamen in meinem Heimatort.

Außerdem: Autokennzeichen. Ich beobachtete, dass es verschiedene Buchstabenzeichen gab und begann, diese zu zählen. Mein Bruder druckte mir eine Kennzeichen-Liste aus und schon bald konnte ich fast alle Abkürzungen aus der Region benennen. Oder war ganz aus dem Häuschen, als ich das wiederkehrende Muster der TÜV-Plaketten-Farben entdeckte.

Zu Hause boten sich mir weitere Gelegenheiten, forschend und freudig zu lernen. Auch digital! Da mein Vater immer wieder am Computer arbeitete, wollte ich das schon sehr früh auch mal ausprobieren.

Im Alter von drei Jahren durfte ich auch selbst tippen. Hier beobachtete ich meinen Vater, wie er die Schriftfarbe in Microsoft Word umstellte und konnte dies dann bald selbst umsetzen. Nun wurde das ABC in allen möglichen Farben vorwärts und rückwärts abgetippt – und einige Versionen durfte ich sogar ausdrucken. Oder ich schaute mir mit meiner Mutter auf Google Earth das Weltall an.

Auch die Freude am Rechnen entwickelte ich in frühen Jahren. Mein Bruder bereitete sich zu dieser Zeit intensiv auf seine Abiturprüfungen vor. Aber immer wieder klopfte es an seiner Tür: „Kannst du mir neue Rechenaufgaben geben?" Irgendwann, als die Aufgaben immer schneller gelöst wurden und der dreijährige Bruder immer häufiger ins Zimmer watschelte, mussten größere Herausforderungen her. Also erklärte er mir kurzerhand das Prinzip der Multiplikation und gab mir ein paar Malaufgaben mit. So hatte er dann endlich seine Ruhe. Zumindest für ein paar Minuten…
Und ich habe beim Rechnen auch Fehler gemacht! **Aber Kinder stehen auf und erobern weiter.**

Und **Kindern sollte vorgelesen werden. Täglich und mit Begeisterung!** So haben es meine Eltern gemacht und ich bin ihnen sehr dankbar dafür. Bei einem Kindergarten-Steckbrief wurde ich mit vier Jahren gefragt, was ich über mich erzählen möchte: „Ich mag Bücher. Alle Bücher."

Denn Begeisterung ist ansteckend. Ich erinnere mich noch an die Freude, zum ersten Mal die Schilder und Leuchtreklamen in meinem Heimatort entziffern zu können oder zum ersten Mal selbst ein

Buch zu lesen. Ich begann, eigene Geschichten und Gedichte zu schreiben, meistens am PC.

Meine Erzieherin schrieb mir 2011 in meinen Kindergarten-Ordner: „Jeden Dienstag wird geforscht. Du bist immer mit einer Begeisterung bei der Sache, mit der du alle Kinder anstecken kannst! Es ist auch schon vorgekommen, dass du mich mittwochs (einen Tag nach dem Forschen) gefragt hast, wann denn wieder Forschertag ist."

Als Kind liebte ich es, Rätsel zu lösen. Sowohl digital, da spielte ich zusammen mit meinem Vater bei „toggo" im Internet, als auch analog mit Logikrätseln auf Karten. Im Grundschulalter habe ich dann auch selbst Rätsel in Microsoft Paint entworfen und diese an meine Brüder gemailt, sie mussten Wörter erraten oder auf Fehlersuche gehen. Auf der Plattform „spielaffe.de" begann ich neben dem eigenen Gaming auch „Spieletipps" für andere Spieler anzubieten. Schon in frühen Jahren habe ich mir also den Protégé-Effekt beim „Lernen durch Lehren" unbewusst zunutze gemacht!

In der Grundschule waren die ersten Stunden des Schultages für „Freie Stillarbeit" vorgesehen. Hier gab es in jedem Fach ein großes Regal mit vielen unterschiedlichen Aufgaben zu einem größeren Themenbereich. Manche Aufgaben waren Pflicht, andere freiwillig. Ich entwickelte dabei den Ehrgeiz, immer alle Aufgaben zu lösen, die zur Verfügung standen. Irgendwann durfte ich dann auch eigene Matheaufgaben für meine Mitschüler gestalten.

In meinen ersten Jahren auf der weiterführenden Schule startete ich das Projekt, alle Aufgaben aus dem Mathebuch zu rechnen oder alle Vokabeln aus dem Englisch-Wörterbuch zu lernen. Das hört sich erstmal verrückt oder naiv an. Und es blieb auch bei etwa dreißig durchgearbeiteten Mathebuch- bzw. Wörterbuchseiten, mir geht es aber um den unstillbaren Wissensdurst, um weite Horizonte und nie abgeschlossenes Üben und Lernen!

Meine Neugier verstärkte ich also in einer Mischung aus analogem und digitalem Entdecken. Es geht, wie so oft, um das richtige Verhältnis…

Das allgegenwärtige Smartphone: ‚Fluch und Segen' zu gleich?

„Ununterbrochen hast du tagelang gewebt. Von nichts hast du dich ablenken lassen!" So heißt es 2011 in meinem Kindergarten-Bericht. Damals konnte ich tief in Projekte eintauchen und alles herum vergessen. Ich bekam nicht mit, wie zeitgleich eine der bedeutendsten technischen Entwicklungen in Windeseile die Welt eroberte: Das Smartphone.

Ein paar Jahre später, es müsste in der 5. Klasse gewesen sein, bekam ich mein erstes Handy. Die ersten Jahre habe ich als harmlos in Erinnerung, aber vor allem in der Mittelstufe verbrachte ich immer mehr Zeit mit dem Gerät: Gedankenloses Scrollen auf Instagram. Suchen nach der perfekten Pose für Snapchat. Chatten und zocken, immer wieder bis tief in die Nacht. Stunden um Stunden. Jeden Tag.

Und kein Wunder: Es handelt sich hierbei um einen
ausgeklügelten Aufmerksamkeits- und Zeitdiebstahl.
Immer wieder wird unser Belohnungssystem
angeregt, um uns vor dem Bildschirm zu halten.
Schon vor dem Abitur wurde ich, ironischerweise
auf Instagram und YouTube, darauf aufmerksam
gemacht und begann, erste Änderungen
umzusetzen. Es überrascht heute immer noch
Gleichaltrige, dass ich Snapchat gelöscht habe.

Vor allem vor und während des Abiturs wollte ich
weder Zeit noch Aufmerksamkeit verlieren. Der
einfachste Schritt, den chronischen Blick aufs
Smartphone zu reduzieren:
Push-Benachrichtigungen deaktivieren.

Außerdem habe ich eine **App (ScreenZen)** genutzt.
Diese ist sehr individuell einstellbar und hilft,
**unbewusste und unnötige Smartphone-Nutzung
zu erkennen und zu vermeiden.** Hier habe ich
zum Beispiel eingestellt, dass ich vor jedem Öffnen
von Instagram und YouTube 60 Sekunden warten
muss. In dieser Zeit merke ich in der Regel schon,
dass ich eigentlich etwas ganz anderes machen
wollte und nur aus Gewohnheit auf das Icon tippte.

Zusätzlich habe ich eingestellt, dass sich **die App
automatisch nach fünf Minuten schließt und
sperrt, um** das so abhängig machende und
schädliche „Infinite Scrolling" zu verhindern.**
Insgesamt kann ich die Apps auch nur fünfmal am
Tag öffnen. Wie gesagt, kann dies aber alles
individuell angepasst werden und es kommen
immer wieder neue Funktionen dazu.

Eine weitere Maßnahme war, die **Bildschirmfarbe auf schwarz-weiß** zu stellen. Einfach mal ausprobieren! Schon sind die ganzen bunten, leuchtenden Icons gar nicht mehr so attraktiv. Und generell beim Lernen: Flugmodus an und bestenfalls das Smartphone auch weit weg in einen anderen Raum verfrachten.

Leider sind die Mechanismen heutzutage so effektiv und das Smartphone so stark im Alltag von Lernenden verankert, dass ich sagen muss: Entweder man kontrolliert das Smartphone oder man selbst wird kontrolliert!

Ab dann ist das Smartphone ein Segen. Wir tragen grenzenlose Möglichkeiten und Unmengen an Wissen in der Hosentasche, dann lasst sie uns nutzen!

Als Organisationstool habe ich auch für das Lernen den Google Kalender genutzt, ab und an unterwegs mit Vokabel-Apps geübt oder auf WhatsApp Freunden den Lernstoff erklärt. Gleichzeitig habe ich aber auch analog To-Do-Listen erstellt, Vokabelkärtchen geschrieben und Nachhilfe gegeben. Die Mischung macht's!

Lernen und Üben können einem langen, anstrengenden Weg gleichen. Hierbei hilft es, seine Neugier und den angeborenen Entdeckerinstinkt zu bewahren und sich nur auf den unmittelbar nächsten „Schritt" zu konzentrieren. Smartphones bieten hier vermeintliche „Abkürzungen": Apps, die Matheaufgaben scannen und lösen, vorgefertigte Aufsätze im Netz oder natürlich das Komplettpaket:

ChatGPT. Es gilt, sich trotzdem immer wieder herauszufordern und diese Tools **ausschließlich als Kontrollinstanz, Wissensquelle oder Inspiration** zu nutzen.

Ich habe ganz oft das Smartphone bzw. Internet verwendet: Mir unbekannte Vokabeln wollte ich immer sofort nachschlagen. Und konnte innerhalb von Sekunden etwas Neues lernen. Meine Aufsätze erhielten durch Rechtschreibprogramme und Zitate aus dem Netz einen Feinschliff.

Immer, wenn ich etwas nicht wusste, konnte ich sofort jemanden um Hilfe bitten. Ist das nicht großartig? **Fragen sind Ausdruck von Neugier.** Und das Internet bietet Antworten. So konnte ich mir immer wieder Wissen aneignen, das über die Erwartungen der Schule hinausgeht.

Die Herausforderung: Erkennen, was richtig, relevant und real ist. **Es braucht einen guten Filter durch eigenes Wissen, um in der Flut an Informationen „über Wasser zu bleiben". Und bestenfalls auf den Wellen an Wissen zu „surfen", sie für sich zu nutzen. Wer diese essentiellen Kompetenzen nicht selber entwickelt, wird früher oder später „untergehen".**

Zusammenfassend: **Für Lernerfolg geht es bei der Nutzung des Smartphones nicht um das „ob", sondern um das „wie".**

Meine drei wichtigsten Lerntipps

Zuallererst: Die Vorbereitung auf eine Prüfung
beginnt nicht erst wenige Tage davor, sondern
bereits Wochen und Monate davor. Bin ich im
Unterricht aufmerksam und beteilige mich?
Schreibe ich mir wichtige Termine auf, um mich
selbst organisieren zu können? Erledige ich
Hausaufgaben so gut ich kann oder „halt irgendwie"
oder überhaupt nicht?

Zugegeben: Das ist leichter gesagt als getan. Hier
hat mir geholfen, Schulaufgaben nicht als solche zu
betrachten. Sobald ich allein schon das Wort höre,
oder auch „Hausaufgabe", kommen mir negative
Empfindungen wie „langweilig", „harte Arbeit" und
ein „Kein-Bock-Gefühl" in den Kopf.

Warum das Ganze nicht als Rätsel verpacken? Auf
Rätsel habe ich immer Lust und auch mein Gehirn
fühlt sich sofort angesprochen und positiv
herausgefordert. Es macht einen Unterschied, ob
ich stur die Fakten aus meinem Geschichtsbuch
auswendig lerne oder mich auf das Thema einlasse,
mir Fragen dazu stelle und anfange, Schritt für
Schritt nach Antworten zu forschen.

Mein **erster Lerntipp „Neugier"** soll dazu
ermutigen, den kindlichen Entdeckerdrang, der uns
allen angeboren ist, wieder zu entdecken und Dinge
wissen zu wollen. Dazu gehört auch, **aktiv zu
werden und Fragen zu stellen**: Entweder der
Lehrkraft direkt oder dem Smartphone. So kann
man sich unabhängig von der Prüfung ein **stabiles
Fundament an Wissen aufbauen.**

Auf dieses Fundament kann man nun „bauen": In der Zeit kurz vor der Prüfung. Hier habe ich, wie schon angesprochen, mit Karteikarten gelernt, um mir die **positiven Effekte von „Active Recall", „Spaced Repetition" und „Interleaving"** zu Nutze zu machen.

Dass diese Methoden Sinn ergeben, möchte ich an einem sportlichen Beispiel zeigen: Ein Fußballer trainiert nicht, indem er sich am Bildschirm tolle Szenen aus dem Spiel anschaut und denkt: „Das muss ich mir merken."
Viele Lernende lesen sich Texte immer wieder nur durch und unterstreichen sich Passagen: „Das muss ich mir merken." Viel besser: Selbst aktiv werden und üben! „Active Recall", also das aktive Erinnern, wird zum Beispiel beim Üben mit Karteikarten benötigt. Hier muss das Gehirn das Wissen wirklich abrufen und verwenden, so wie ein Fußballer beim Training auch selbst aktiv wird.

Außerdem trainiert ein Fußballer auch nicht nur ein einziges Mal, sondern immer wieder. Stichwort: **Wiederholung**. Manche Sachen klappen noch nicht so gut und müssen **jeden Tag geübt werden**. Wenn es dann besser klappt, vielleicht nur noch jeden dritten Tag. So funktioniert auch „**Spaced Repetition**"; dabei wird der Lernstoff in größer werdenden zeitlichen Intervallen wiederholt.

Und zuletzt trainiert ein Fußballer auch nicht zuerst ein Jahr Dribbeln, dann Passen, dann Flanken, dann seine Schnelligkeit und dann den Schuss, sondern alles abwechselnd und verschachtelt. Bei der **„Interleaving"-Methode** gilt also nicht das Motto „Eins nach dem anderen", sondern man lernt **verschiedene Inhalte abwechselnd und verschachtelt.** Ich habe beispielsweise meine Karteikarten immer nach Themen sortiert und Stapel gebildet, dann aber nicht erst ein Thema bis zur Perfektion gelernt, sondern alle Stapel abwechselnd wiederholt.

Und was stand auf den Karteikarten? **Fragen, die neugierig machen!** Es erfordert auch immer wieder Kreativität, den Lernstoff als Text dementsprechend umzuformulieren, aber es lohnt sich.
Des Weiteren habe ich mich immer wieder in die Lehrkraft hineinversetzt und **mich gefragt, was ich uns Lernende fragen würde**. Was ist wirklich relevant in Bezug auf übergeordnete Kompetenzen und aktuelle Themen?

Bei meinem Spanisch-Abi hatte ich besonders „Glück" und habe die Aufgabe bereits eine Woche vor der Prüfung meinem Kumpel auf WhatsApp „vorausgesagt", weil ich mir intensiv Gedanken zu aktuellen Entwicklungen und Verbindungen zwischen Themen gemacht habe.

Um mir bestimmte Zitate oder Daten merken zu können, habe ich verschiedene Mnemotechniken genutzt. Es freute mich, diese auch in Ihren wissenschaftlich fundierten Lerntipps wiederzufinden – auch wenn ich das Buch leider erst nach meinem Abitur in die Hände bekommen habe! Dazu gehören unter anderem die **Loci-Methode (LernTipp.29**; Schutz, 2019, S. 74-75), bei der man im Kopf mit verschiedenen Orten arbeitet, die **Transformation bei Zahlen und Daten (LernTipp 26**; Schutz, 2019, S. 68-69) oder die Verwendung von **Akronymen für längere Textpassagen (LernTipp 33**; Schutz, 2019, S. 81-82). Darüber hinaus habe ich auch immer wieder mit Melodien gearbeitet und Textpassagen rhythmisch wiederholt.

Darüber hinaus ist es essentiell, die passende Lernumgebung zu schaffen. Hier fasst Ihr Lerntipp Nr.4 gut zusammen: „1. Alle zu lernenden und zu bearbeitenden Dinge interessant machen und 2. alles andere uninteressant machen oder ausschalten und aus dem Raum entfernen."– Der erste Punkt fällt unter das Thema Neugier; mit dem Thema Ablenkung durch das Smartphone habe ich mich ein paar Zeilen zuvor ja auch bereits auseinandergesetzt.

Positive Einflüsse auf die Lernumgebung waren für mich **frische Luft und ein angenehmer Duft.** Ich habe beim Lernen immer wieder an Rosmarin aus dem Garten gerochen und hatte auch während der Abiturprüfungen ein Gläschen davon dabei, was für einige spaßige Kommentare und Verwunderung sorgte. Aber: Schon die alten Griechen setzten sich Rosmarinkränze bei Prüfungen auf. Inzwischen konnten Wissenschaftler tatsächlich zeigen, dass die im Rosmarinduft enthaltenen Stoffe die Gedächtnisleistung steigern können (vgl. Moss & Oliver, 2012).

Um bei Sinneseinflüssen zu bleiben: Für die Ohren gab es in der Regel weißes oder braunes Rauschen. Diese Form der Beschallung erlebte kürzlich einen großen Hype, ich finde es tatsächlich schon seit meiner Kindheit sehr angenehm und verspüre einen positiven Effekt auf meine Konzentration. Hier ist die Studienlage aber noch nicht eindeutig.

Mein **dritter Lerntipp: Bewegung**. Während des Lernens und auch außerhalb! Regelmäßiger Sport hat positive Auswirkungen auf die Gesundheit, baut Stress ab und hilft dabei, Disziplin zu entwickeln, die man auch beim Lernen nutzen kann!

Zu beachten: Um etwas in Bewegung zu setzen, braucht es Energie. So auch mit Lernprozessen! Die wichtigsten Energielieferanten für mich waren eine **gesunde Ernährung und ein guter Schlaf.** Vor der Schule und vor allem vor Prüfungen halfen mir kalte Duschen und ein ausgewogenes Frühstück, das bestenfalls schon am Abend davor vorbereitet wurde! **Stichwort: Selbstorganisation.**

Und bei all dem fleißigen Lernen nicht vergessen: **Pausen!** Sowohl Power Nap als auch Lernpausen sehe ich als festen Bestandteil meines Lernerfolgs. Hierfür kann ich die **Pomodoro-Technik** weiterempfehlen.

Gut zu wissen, gell? All diese Techniken und Methoden habe ich übrigens nicht in der Schule gelernt...

--/--

Guten Abend, Herr Schick,
Dies erinnert mich an meine Anfangszeit an der
Hochschule München. Viele Lehrende sagten mir
damals, dass sie gerne Zeit dafür hätten, die von
Ihnen skizzierten Methoden zu vermitteln.

Im Rahmen eines Drittmittel-Projektes hatte ich die
zeitlichen Ressourcen, Seminare für Lern- und
Schlüsselkompetenzen anbieten zu können. In
einem konnte ich mit zwei Studierenden ein
Programm zur Konzentrationsförderung von
Informatik-studierenden entwickeln: „Die Allmacht
digitaler Ablenkung – Ein Konzentrationstraining für
MINT-Fächer" (Schutz et al., 2016).

Ein Paar Jahre später fanden wir Im Rahmen eines
Forschungsprojektes „Digitale Lernpräferenzen von
Medizinstudierenden" u.a. heraus, dass eine
bestimmte Kameraeinstellung bei der Aufnahme von
Lernvideos für das Erfassen der Situation von
Vorteil für die Studierenden ist: „From videogames
to teaching – different camera perspectives in an
interactive synchronous online tutorial" (Boten et al.,
2023).

Dies sind nur zwei Beispiele dafür, dass Lehrende
nötige Freiräume brauchen, um die Lernenden in
ihren Lern- und Schlüsselkompetenzen zu
entwickeln und nicht nur Fächer/Disziplinen zu
unterrichten.

Der Wissenschaftsrat hat 2022 „Empfehlungen für
eine zukunftsfähige Ausgestaltung von Studium und
Lehre" publiziert, in welcher der Wissenschaftsrat
allen Hochschulen empfiehlt, dass Lehrdeputat der

Lehrenden neu zu bewerten: „Dabei könnte der Richtwert der Aufteilung [der Lehrleistung] bei 70% für die Lehrveranstaltungen und Prüfungen, bei 20% für das akademische Mentorat und bei 10 % für die Erneuerung und Qualitätsentwicklung liegen" (Wissenschaftsrat, 2022, S. 55).

Die Frage der Umsetzbarkeit der Empfehlung ist hier der kritische Faktor: „Eine Umsetzung der Empfehlungen stellt alle beteiligten Akteure vor große Herausforderungen. Sie kann nur schrittweise und unter Beachtung und Gestaltung der rechtlichen Rahmenbedingungen (einschließlich der Rechtsprechung) sowie der Verfügbarkeit und Bereitstellung von personellen, infrastrukturellen und finanziellen Ressourcen erfolgen" (Wissenschaftsrat, 2022, S. 73). Bei der jetzigen Haushaltslage des Bundes und der Länder scheint die Umsetzung dieser Empfehlung in weite Ferne zu rücken.

Was würden Sie für die Zukunft des Lernens in Schule und Hochschule, im Beruf und in der Freizeit empfehlen? Was könnte recht kostengünstig realisiert werden? Unter welchen Rahmen-bedingungen?

Mit besten Grüßen
Thomas Schutz

IV. Meine Vorstellungen über das Lernen der Zukunft

Beginnen wir meine Betrachtungen zur Zukunft des Lernens zunächst mit einem Blick in die Vergangenheit: Gegen Ende der Oberstufe stieg die Abwesenheitsquote in meiner Stufe rasant. Immer mehr Lernende erwischte eine mysteriöse „Krankheit"...

Meine Freunde sagten mir häufig, sie seien zu Hause geblieben, da sie dort sowieso viel schneller und effektiver lernen konnten als in der Schule. Und das konnte ich gut nachvollziehen. Auch ich habe immer wieder erlebt, wie viel Zeit und Lernpotential im Unterricht ungenutzt bleibt.

Positiv gesagt: Es ist noch viel Raum für Verbesserungen.

Ich schließe mich hier der Empfehlung des Wissenschaftsrats an. Die Lehrleistung muss neu aufgeteilt, neu gedacht werden. Für die Zukunft des Lernens werden Selbstorganisation, Feedback-Mechanismen und Lern-Coaching von entscheidender Bedeutung sein. So wird sich auch die Rolle der Lehrkraft ändern.

Das Lernen im Informationszeitalter gleicht der Besichtigung einer riesigen, unbekannten Stadt. Es gibt so viel zu entdecken! Also, lasst uns auf einen Spaziergang gehen!

Lernen in der Schule sieht dann meist so aus: Die Lehrkraft nimmt die Lernenden an die Hand, gibt Wege vor und führt sie an ein bestimmtes Ziel: „Nein, nicht da abbiegen.", „Stopp, nicht zu schnell vorlaufen, wartet auf die anderen." – Alle schön brav im gleichen Tempo.

Leider funktioniert Lernen so nicht (gut). Jedes Gehirn lernt anders und jeder hat seine eigene Lerngeschwindigkeit. **Für die Zukunft des Lernens heißt es: Lasst die Lernenden laufen! Lasst sie auf eigene Entdeckungstouren gehen!**

Dabei muss Folgendes beachtet werden: Es wird ein gemeinsamer „Treffpunkt" zu einer späteren Uhrzeit vereinbart. Der „Treffpunkt" entspricht dem Wissensstand und den Kompetenzen, die die Lernenden zu einem bestimmten Zeitpunkt (Prüfungstermin) entwickelt haben sollen. Die Botschaft an Lernende: „Es ist ganz egal, wie Ihr zu dem Treffpunkt kommt, welche Route Ihr nehmt, ob Ihr mit der Bahn oder mit dem Fahrrad fahrt oder zu Fuß geht. Wichtig ist nur, dass Ihr kommt und pünktlich seid!"

Vielen mag dieser Kontrollverzicht zunächst Unbehagen bereiten. Und ja, es gibt auch Risiken. Lernende könnten sich in den vielen Straßen verlaufen, die Orientierung verlieren. Man denke an die Unmengen an Informationen im Internet. Hier gibt es auch einige fiese, gefährliche „Straßen" in Form von Fake News & Co.

Und was hilft hier? Kommunikation!

Die Lehrkraft könnte regelmäßig abfragen, wo sich die Lernenden befinden, bei Fragen oder Problemen helfen, ihren Standort einordnen und mögliche nächste Schritte vorschlagen. Und hier sind wir beim zweiten Punkt:

Feedback-Mechanismen.
Häufig wird nur einmal im Halbjahr der "Wissens-Standort" in einer Klausur abgefragt. Lernende brauchen viel mehr und viel regelmäßiger Feedback!

Und die **Gaming**-Industrie macht es vor: Gamer wissen immer, auf welchem Level sie sind, bekommen nach fast jeder Spielhandlung sofortiges Feedback. So können sie sich schnell verbessern und haben außerdem die Motivation, mehrere Stunden an einer Herausforderung zu arbeiten. Das sind sicher Verhaltensweisen, die man sich auch für das schulische Lernen wünschen würde – ermöglicht durch regelmäßige Kommunikation und Feedback.

Immer wieder waren Lehrkräfte verwundert, wenn ich Feedback einforderte: „Aber du hast doch schon 14 bzw. 15 Punkte?" „Ja, aber ich will mich trotzdem verbessern!" Teilweise wurden dann Klausuren während des Unterrichts persönlich besprochen. Immerhin! Und doch ärgerte sich die Lehrkraft dann über die verlorene wertvolle Unterrichtszeit.

Wie der Wissenschaftsrat richtig sagt: Es braucht mehr Zeit für das akademische Mentorat. Dafür sollten meiner Meinung nach sogar deutlich mehr als 20% der Lehrleistung verwendet werden.

Welche Voraussetzungen müssen Lernende nun für eine solche selbstständige Entdeckungstour erfüllen?

Sie müssen sich orientieren können. Sowohl digital mit Google Maps, als auch analog mit Straßenschildern und Fahrplänen, falls das Internet mal nicht funktioniert. Sie müssen außerdem die Uhrzeit und den Ort des vereinbarten Treffpunkts im Blick haben.

Übertragen auf das Lernen: Lernende müssen zunächst Kompetenzen entwickeln, die ihnen Orientierung im Umgang mit großen Wissensmengen geben. Digital und analog. Welche „Straße" führt in Richtung Ziel? Welche „Orte" sind sehenswert? Welche „Schilder" bzw. Informationen kann man trauen und welche führen in die richtige Richtung? Welche Methoden und Techniken unterstützen mich und bringen mich schneller an den gewünschten „Ort", zum Lernerfolg? Zudem müssen sie lernen, ihre Lern-Reise zu organisieren. Bis wann habe ich Zeit? Wie plane ich meinen Weg? Wann muss ich wo sein (Prüfung)?

Ein weiterer Faktor: Infrastruktur.
Wenn Lernende „unterwegs" sind und entdecken wollen, sind marode, einstürzende Brücken eine Gefahr. Keine allzu überraschende Erkenntnis. Leider wird dagegen nicht so viel getan.

Übertragen heißt das konkret: Es braucht in Deutschland moderne Lernräume mit funktionierender Technik. Mehr eigentlich nicht.

Aus meiner eigenen Erfahrung kann ich sagen, dass es ziemlich demotivierend ist, wenn man mühevoll eine ansprechende Präsentation entwirft und dann der Beamer streikt.

Die Lehrkraft kann für das selbstständige Erkunden weiterhin Tipps mitgeben: „So seid ihr schneller." „Hier solltet ihr aufmerksam sein." „Das solltet ihr euch anschauen." Ich denke hierbei vor allem an die von mir skizzierten Lernmethoden, geeignete Lern-Tools und hilfreiche Wissensquellen.

Warum die ganze Mühe?
Lernende der Zukunft müssen in der Lage sein, ihr Leben und Lernen selbst zu organisieren. Einfach nur der Lehrkraft „hinterherzulaufen", macht weniger Spaß, es fehlen die **eigenen Aha-Erlebnisse**. Und den Lernenden fehlen am Ende der Schulzeit Kompetenzen, die sie für das eigene, selbstständige, lebenslange Lernen im Beruf und in der Freizeit brauchen. Im Leben nach der Schule muss man selbst der „City-Guide" sein, der alles organisiert.

Ein weiterer großer Vorteil liegt darin, dass Lernende dabei in ihrem eigenen Tempo lernen können. So wird niemand überfordert, aber vor allem auch nicht unterfordert. Wer mit einem sehr hohen (Lern-)Tempo unterwegs ist, kann eigenständig weiterführende Routen gehen, sich in Themen tiefer einlesen.

Insgesamt liegt so der Fokus vor allem auf dem Lernprozess, den die Lehrkraft als Coach hervorhebt und mit den Lernenden bespricht.

Auch die Lernenden können sich untereinander über ihre ganz eigenen Lernwege austauschen, von ihren interessanten Erkenntnissen berichten und Wissen teilen.

Eine Situation aus der Oberstufe:
Im Fremdsprachenunterricht sollte die Aussprache geübt werden. Klassische Vorgehensweise: Einer liest den Schulbuchtext laut vor, alle anderen hören zu (oder auch nicht). Früher oder später kommt es dann in der Regel auch zu Aussprachefehlern.

Option 1:
Die Lehrkraft korrigiert den Fehler, der Lesefluss muss gestoppt werden. Dadurch Lerneffekt beim Vorlesenden. Minimaler Lerneffekt bei den Zuhörern, die denselben Fehler gemacht hätten und gut aufpassten. Kein Lerneffekt bei den Lernenden, die den Fehler gar nicht erst gemacht hätten.

Option 2:
Die Lehrkraft ignoriert den Fehler, weil nicht genug Zeit dafür ist, immer wieder Feedback zu geben. Gar kein Lerneffekt!

Und der nächste ist dran mit Vorlesen…

Rechnet man das hoch, verbringt jeder Schüler sicher einige Stunden seiner Schulzeit damit, anderen zuzuhören, wie sie Fehler machen. Fehler machen ist nicht schlimm und jeder macht sie! Aber jeder Lernende hat andere „Baustellen". Und nur wenn ich selbst Fehler mache und Feedback bekomme, kann ich mich wirklich verbessern.

Wieder kommt mir hier eine Fußball-Analogie in den Kopf: Man stelle sich vor, nur ein Spieler der Mannschaft darf Dribbeln üben und alle anderen schauen zu. Der Trainer unterbricht die Übung immer wieder und zeigt die richtige Technik. Dann kommt der Nächste dran. Nach einer Stunde hat jeder Spieler zweimal dribbeln dürfen. Sieht so effektives Training aus?

Aus meiner Erfahrung als Jugendtrainer mit C-Lizenz kann ich glücklicherweise sagen, dass der Deutsche Fußballbund (DFB) in der Ausbildung immer wieder Prinzipien vermittelt, die dem entgegenwirken sollen. Aus den ‚**10 goldenen Regeln des Kinderfußballs**‘:

- Spaß und Freude am Sport fördern!
- Jedem Kind einen Ball geben!
- Kurz erklären und vormachen!
- Viele Ballkontakte ermöglichen!
- Vielseitige Bewegungsaufgaben anbieten!

Prinzipien, die man durchaus im weiteren Sinne auf das Lehren übertragen kann:

- Alle sollen möglichst viel und möglichst vielseitig üben können.
- Lehrkräfte könnten zu Lern-Coaches werden: Sie erklären nur kurz, begleiten dann die Entwicklung eigener Lösungen und fördern diese durch regelmäßiges Feedback. Sie stehen den Lernenden bei Fragen zur Seite und vermitteln Herangehensweisen und Techniken.

- Vor allem sollen sie die Lernenden aber auch mit ihrer Neugier und Begeisterung für ihr Fach anstecken und Spaß und Freude am Lernen fördern.

Mein Vorschlag zu dem eben beschriebenen Szenario:

Es gibt heutzutage mehrere KI-basierte Sprachtrainer, wie „Pronounce" (kostenfrei erhältlich, etwa 10€ pro Monat in der Premium-Version). Hier kann man in sein Smartphone sprechen, der Text wird exakt aufgezeichnet und man erhält einen „Score" für Aussprache, Grammatik & Co. Sofort erscheinen zahlreiche individuelle Verbesserungsvorschläge mit Beispielen und Übungen, die man sich auch zur Wiederholung speichern kann.

Zur Orientierung kann man sich die richtige Aussprache eines Natives anhören. Zudem werden dem Nutzer sprachliche Alternativen nahegelegt, mit denen dieser seinen Wortschatz erweitern kann. Es ist möglich, mit dem **KI-Coach** eine realistische Konversation zu führen. Der zugewiesene „Score" weckt den Ehrgeiz, sich immer weiter zu verbessern. Immer wieder wird man auch gelobt, wenn etwas richtig war. Und man braucht einfach nur sein Smartphone.

Auch abseits von KI gibt es Möglichkeiten. Als ich in der Mittelstufe unregelmäßige Verben lernen musste, gab es noch kein ChatGPT und keine KI-Trainer. Ich habe Microsoft Word genutzt. Hier gibt es eine Funktion zum Vergleichen von Dokumenten, die ich für Übung und Musterlösung genutzt habe.

Immer wieder habe ich mich dann mit dem selbstgebauten Verben-Trainer herausgefordert.

Wie Sie andeuten, können auch richtig aufgenommene **Lernvideos** einen großen Beitrag leisten. In den Kommentaren der großen deutschen YouTube-Bildungschannels geben reihenweise Lernende an, mit einem Video mehr gelernt zu haben als in mehreren Monaten Unterricht.

Allgemein ist das **Lernen durch (Bewegt-)Bilder** deutlich interessanter und effektiver als mit seitenlangen Texten Deswegen greifen Lernende auch so gerne darauf zurück. Für sie lohnt es sich teilweise gar nicht mehr, zur Schule zu kommen, wie ich eingangs angedeutet habe. Auch das sollte bei der Gestaltung der Zukunft des Lernens berücksichtigt werden.

Wie sind die Rollen nun zusammenfassend in der Zukunft des Lernens verteilt?
Die Lernenden sollen auf selbstständige Entdeckungstour gehen können, also selbstorganisiert erkunden und lernen.

Die Lehrkraft fungiert als Lern-Coach und gibt zunächst den gemeinsamen „Treffpunkt", also ein Lernziel und die dafür vorgesehene Lernzeit, vor. Hinzu kommen Lerninhalte, die auf jeden Fall Teil der „Tour" sein sollten.

Die Lernenden starten und forschen darüber hinaus in ihrem eigenen Tempo. Immer wieder wird mit der Lehrkraft kommuniziert, die den eigenen Standpunkt mit ihrer Erfahrung einordnet.

Die Lehrenden fungieren hier als Lern-Coaches, die Lernmethoden und den konstruktiven Umgang mit eigenen Fehlern vermitteln und weiterführende Wege vorschlagen, aber nicht vorgeben. Sie stecken die Lernenden mit ihrer Begeisterung und Neugier für das Fach an und fördern die Lernbereitschaft.

Dieser Wandel ist eine große Herausforderung, für die Rahmenbedingungen geschaffen werden müssen: Eine angepasste Verteilung der Lehrleistung, die technische Infrastruktur und der Mut, starre Strukturen zu verändern.

Wieso nicht?

--/--

Gute Frage, Herr Schick: Wieso eigentlich nicht?

Bei Ihren Ausführungen musste ich immer an die bahnbrechenden TED-Talks von Sir Ken Robinson und Prof. Sugata Mitra denken:

- **„Changing Education Paradigms – Bildung völlig neu denken"** (Robinson, 2013a)

- **„How to Change Education - from the ground up"** (Robinson, 2013b),

- **„The future of learning"** (Mitra, 2018).

Ich bin davon überzeugt, dass wir – wenn wir in
diese Richtung weiter denken – noch eine
erfrischende Vielzahl an E-Mails austauschen
würden.

Doch an dieser Stelle würde ich für ‚heute' Schluß
machen, denn im Fokus unseres Dialoges stand
und steht ja Ihr außergewöhnliches Abitur, zu dem
ich Ihnen nochmals herzlich gratuliere!

Ich wünsche Ihnen alles Gute für Ihre weiteren
Lebensabschnitte und verbleibe

mit besten Grüßen und Dank für Ihre Zeit,
Thomas Schutz

Literaturverzeichnis

Belwe, A. & Schutz, T. (2014): *Smartphone geht vor – Wie Schule und Hochschule mit dem Aufmerksamkeitskiller umgehen können.* Bern: hep.

Boten, D.N., Daum, N., Schutz, T. & Spethmann, S. (2023): From videogames to teaching – different camera perspectives in an interactive synchronous online tutorial. *Medical Science Educator, 33,* S. 1029-1031.

Elliot, J. & Simon, W.L. (2011): *Steve Jobs – iLeadership: Mit Charisma und Coolness an die Spitze.* München: Ariston.

KMK (2024): *Vereinbarung zur Gestaltung der gymnasialen Oberstufe und der Abiturprüfung* (Beschluss der KMK vom 07.07.1972 i. d. F. vom 06.06.2024). Bonn/Berlin: Kultusministerkonferenz.

Lorber, M. & Schutz, T. (2016): *Gaming für Studium und Beruf – Warum wir lernen, wenn wir spielen.* Bern: hep.

Ministerium für Kultus, Jugend und Sport Baden-Württemberg (2022): *Leitfaden für die gymnasiale Oberstufe – Abitur 2024.* Stuttgart: Ministerium für Kultus, Jugend und Sport Baden-Württemberg.

Mitra, S. (2018): *The future of learning.*
    Online verfügbar: TED. URL: https://
    www.ted.com/talks/
    sugata_mitra_the_future_of_learning?
    subtitle=en&lng=de&geo=de
    [Abfrage: 02.11.2024].

Moss, M. & Oliver, L. (2012): Plasma 1,8-cineole
    correlates with cognitive performance following
    exposure to rosemary essential oil aroma.
    Therapeutic Advances in Psychopharmacology,
    2(3), S. 103-113.

Robinson, K. (2013a): *Changing Education
    Paradigms – Bildung völlig neu denken.*
    Online verfügbar: Bundeszentrale für politische
    Bildung. URL: https://www.bpb.de/mediathek/
    video/158066/ken-robinson-bildung-voellig-neu-
    denken/
    [Abfrage: 02.11.2024].

Robinson, K. (2013b): *How to Change Education –
    from the ground up.*
    Online verfügbar: The royal society for the
    encouragement of arts, manufactures and
    commerce (RSA). URL: https://www.thersa.org/
    video/events/2013/07/how-to-change-
    education---from-the-ground-up
    [Abfrage: 02.11.2024].

Schutz, T. (2019): *101 wissenschaftlich fundierte
    LernTipps für Schule, Studium und Beruf.*
    Norderstedt: BoD.

Schutz, T. & Schwarz, D. (2022): *Digital Game-based Learning – Komplexe Problem-lösungen und Kompetenzen für Bildung, Wirtschaft und Politik entwickeln.*
Wiesbaden: SpringerGabler.

Schutz, T., Kellerer, A. & Kellerer, T. (2016): *Die Allmacht digitaler Ablenkung – Ein Konzentrationstraining für MINT-Fächer.*
Norderstedt: BoD.

Wissenschaftsrat (2022): *Empfehlungen für eine zukunftsfähige Ausgestaltung von Studium und Lehre.*
Köln: Wissenschaftsrat.

Abbildungsverzeichnis